EXHORTATION

A UNE NOVICE

DE SAINTE CATHERINE,

PRENANT LE VOILE.

Prononcée le 12 Septembre 1784, par
M. M... G. P. d. S. V. D. en T.

EXHORTATION
A UNE NOVICE
DE SAINTE CATHERINE,
PRENANT LE VOILE.

Hospitalitatem nolite oblivisci.
N'oubliez point l'Hospitalité.
Epît. de S. Paul aux Hébreux, Ch. 13. ℣. 12.

QUI croiroit, en parcourant nos Villes, qu'elles fussent peuplées de Chrétiens, ou que l'hospitalité leur eut été si spécialement recommandée ? De tous côtés on rencontre des hommes qui en réclament pour eux les douceurs : on n'en trouve presque point qui les répandent sur leurs frères ; & malgré le précepte formel de l'Esprit-Saint, de ne point oublier l'Hospitalité, l'oubli de cette vertu est si grand, que la

Religion s'est vue forcée de former quelques Sociétés, dont les membres privilégiés (*) se chargent d'être humains pour toute la Nation.

Une fois reçue dans cette Maison Sainte, ma chère Sœur, vous allez donc au nom de la Religion, acquiter envers le Pauvre la dette du Riche endurci, du Philosophe avare, du Voluptueux dissipateur, du Chrétien insensible, & de l'Homme dénaturé. Certes! l'Hospitalité est la vertu de la nature, & celui-là ne porte plus les traits qu'il a reçus de cette Mère commune qui ne tend

───────────────

(*) Il est naturel de comprendre dans ces Sociétés, non-seulement celles qui sont liées par des vœux, mais encore celles qui, formées par la Charité, répandent leurs bienfaits sur les malheureux. Telle est cette Association connue, dont MM. Desprez de Boissy sont les Trésoriers, &c. &c. &c.

pas à tous les infortunés fortis du même fein, la main qui peut les foutenir. Il n'en fera pas de même de vous, ma chère Sœur, & c'eſt, fans doute, pour être uniquement occupée de ce noble emploi, que les fages Fondatrices de cette antique Maifon, libres d'abord (*), voulurent enfuite fe lier par des vœux que vous prononcerez vous-même un jour.

Il étoit juſte, en effet, que la flamme des paſſions cédât aux feux de la charité ; que l'ame fût dépouillée de fa volonté, pour ne fuivre

___

(*) M. Bar, Auteur eſtimable, compofe un Ouvrage fur les Coſtumes Religieux. A l'article de Sainte Catherine, on peut trouver les détails les plus eſſentiels fur cet Ordre d'Hoſpitalières ; on verra que les Fondatrices de Sainte Catherine ne prononçoient pas de vœux dans les commencements de cet Inſtitut.

qu'une feule impulſion, celle de la miféricorde; que le cœur fût détaché des biens de la fortune, pour les répandre ſans regret & ſans réſerve ſur les malheureux.

Quelle ample matière ces vœux prêteroient au plus beau diſcours! Mais, ma chère Sœur, tant d'exemples vous en apprendront ici les devoirs; tant de bouches vous provoqueront à goûter les charmes qu'ils procurent; & l'Hoſpitalité eſt ſi belle, qu'abandonnant aux Maîtreſſes éclairées qui doivent vous inſtruire, le ſoin de vous développer l'étendue des obligations d'une ame que ces liens captivent, je ne veux m'occuper que de la vertu ſublime qui va devenir le but principal de vos engagemens.

D'ailleurs, habitantes vertueuſes de cet humble Palais du Pauvre, louer l'Hofpitalité qui vous eft fi chère, n'eft-ce pas le feul moyen de me faire pardonner par vous le tems que je vais ravir à fon exercice ? N'eft-ce pas feconder la ferveur & confirmer les fentimens qu'a conçus de cette vertu la jeune héroïne que vous allez faire participer à vos bonnes œuvres ? Et peut-être encore, fi Dieu daigne donner à mon difcours une force victorieufe, ferai-je affez heureux pour en infpirer le goût à ceux qui vont m'entendre.

Ave, Maria.

Il eft différentes efpèces d'Hofpitalité : toutes ont la charité pour fource, pour but le foulagement de l'homme ; toutes ont des droits à nos éloges ; je n'entreprendrai point cependant, ma chère Sœur, de raſſembler ici des louanges pour toutes ces branches de l'Hoſpitalité ; les infortunés à qui la charité ferme les portes du tombeau, publieront par leurs ſoupirs énergiques, ce que leur inſpirera la reconnoiſſance pour les êtres bienfaiſans qui leur auront conſervé la vie. Le captif innocent & pauvre, dont l'indigence s'étoit accrue avec le nombre de ſes enfans qu'il n'avoit pu nourrir, ne maudiſſant plus ſa qualité de père, & ſe levant joyeux de deſſus le fumier qui lui ſervoit de lit, célébrera la main qui aura briſé ſes chaînes.... L'octogénaire, courbé ſous le poids des ans, trouvera dans ſon cœur, qui ſemble lui avoir ſurvécu, le ſentiment immortel de ſa gratitude pour ceux qui, de leurs ſecours, ſoutiennent ſes vieux ans..... L'aveugle-né bénira l'homme compatiffant, dont l'ingénieufe charité non contente de l'aider à vivre, trouva l'art de le rendre utile à la fociété, dont il étoit le fardeau, & de le dédommager, pour ainfi dire, de la plus cruelle des privations.... La femme indigente, au milieu des douleurs aigues qu'il lui faut fouffrir pour devenir mère, ne voyant pas feulement fe diffiper fes maux par l'idée qu'elle a mis un enfant au monde, mais par des foulagemens qui la mettront en état de le nourrir, mêlera à fes foupirs de tendres bénédictions pour les ames fenfibles qui l'auront foulagée. Mais moi, je me bornerai feulement à célébrer les œuvres de miféricorde que vous exercerez dans ces lieux.

Cieux, écoutez : Terre, prêtez

l'oreille, j'ai des merveilles à raconter ? Ah ! fi Dieu réunissoit autrefois autour de son Trône les habitans de la cour céleste, pour leur faire admirer les vertus de Job (*). Chrétiens, mes Frères, il doit être permis au Ministre du même Dieu de profiter de votre réunion pour vous faire admirer les prodiges qu'opérent chaque jour au milieu de vous les Vierges vénérables qui vous environnent.

Portes sacrées de ce pieux Hospice, ouvrez-vous; que vos yeux, Chrétiens, préparés par ce qu'ils vont voir, ne ménagent plus d'obstacle à la croyance de ce que vous pourrez entendre : est-il un spectacle plus beau, plus digne de vous ?

Telles l'Apôtre S. Jean nous peint

(*) Job, Chap. 1.

dans l'Apocalipse les légions heureuses (*) qui suivent les pas de l'Agneau : telles se présentent à nos regards ces nuées de femmes (**) que renferme cette inviolable enceinte ; la charité les a, pour ainsi dire, arrachées à la barbarie des hommes. Monstres qu'enfanta & que n'a pas encore détruits la volupté ; vous dont les passions sans frein rendent de jour en jour plus téméraires les attentats, à l'ombre de cet autel, elles sont à l'abri de vos coups; &, mes Frères, les portes du Sanctuaire impénétrable à tant de cri-

---

(*) *Hi sequuntur Agnum quocumque ierit, hi empti sunt ex hominibus primitiæ Deo & Agno*, Ap. Chap. 14.

(**) Ce sont les pauvres Domestiques sans place, & les Filles qui arrivent de Province qui sont reçues à Sainte Catherine.

mes, ce font ces Vierges faintes qui les ont ouvertes.

Hélas ! fans ces fecours toujours prompts, toujours préfens, que n'euffent pas dû redouter ces infortunées au milieu de notre Ville corrompue ? Peut-être euffent-elles payé, au prix de leur ame, le pain néceffaire à leur corps, & leur innocence eut expiré dans l'afyle que la féduction leur eut offert au nom de l'humanité.

Vous ne l'ignorez pas, mes Frères, fi cette Capitale eft le centre de la vertu, elle eft auffi le centre de la corruption. La vertu cachée dans l'ombre de la retraite, redoute de paroître : le vice toujours adroit à fe fouftraire à la févérité des loix, toujours habile à fafciner les yeux, fe promène en triomphateur ; & fi quelquefois il rougit, c'eft de n'avoir pas détruit entiérement fa rivale. De tous les crimes qu'on y voit abonder, le plus commun eft celui qui tire fa naiffance des dons même de la nature, dont il eft fi facile d'abufer; celui qui corrompt les ames par l'attrait du plaifir ; le germe en eft dans tous les cœurs, & l'art ajoute encore aux feux naturels de l'homme pour le faire éclore. Ce vice s'eft fi répandu, que c'eft maintenant un problême de la politique de favoir s'il eft avantageux de le combattre, crainte d'ajouter à fes forces, & que c'eft une efpèce d'axiome reçu, qu'il vaut mieux fermer les yeux fur un libertinage public & volontaire, que d'expofer la fageffe aux violences de la paffion.

Oui, dans nos murs un Père fage n'ofe quitter un fils, dont les fens viennent de naître, crainte qu'il ne tombe dans les piéges funeftes que la licence a préparés, & que des appas féduifans rendent plus dangereux encore : crainte de voir fe deffécher avant de mûrir, le jeune fruit dont il a tant chéri la fleur, & qu'il a pris tant de foin de cultiver.

Dans nos murs, une Mère tendre, tremblante pour le fort de fa fille, n'ofe avec fécurité la montrer aux regards dévorans de notre ardente jeuneffe, & fouvent même encore a-t-elle à verfer des larmes fur la perte de fon innocence qu'on lui ravit à fes côtés. . . . .
. . . .
. . . .
. . . .
. . . .

Soyez béni, Dieu bienfaifant,

qui ne mettez pas de bornes à vos bontés, qui, au milieu des flammes que les passions allument de toutes parts, permettez que vos enfans ne soient pas tous consumés : filles chrétiennes que cette demeure a préservées de la mort, bénissez le Seigneur qui vous a sauvées ; bénissez-le, Vierges saintes, dont il s'est servi pour répandre sur elles ses bienfaits; bénissez-le, Néophite reconnoissante; oui, bénissez ce Dieu qui vous associe aujourd'hui à l'œuvre de ses miséricordes. Esprits invisibles qui ceignez cet Autel ; Peuple rassemblé que l'admiration saisit malgré vous, réunissez tous vos voix, & bénissez le Seigneur ; *Omnis Spiritus laudet Dominum.*

Mais, que vois-je, ma chère Sœur ? au bruit des louanges si méritées que nous donnons à l'acte journalier de l'Inſtitut que vous allez embraſſer, accourent ici, des lieux les plus éloignés de cette Ville d'autres femmes qui, les yeux baignés des larmes de la reconnoiſſance, m'offrent toutes de nouveaux objets à tracer, de nouveaux tableaux à peindre, & qui ſemblent être attriſtées de ce que je n'ai pas commencé par elles. Ecoutez-les, mes Frères, dans la ſimplicité de leur langage, elles feront plus éloquentes que moi : les fleurs du diſcours gâtent ſouvent ce que le cœur inſpire, & preſque jamais n'y ajoutent.

Hélas ! vous dit l'une d'elles, j'étois née dans l'opulence, le bonheur ſembloit filer mes jours ; un lien doux & flâteur m'avoit unie au plus vertueux époux ; mais la vertu ne met pas à l'abri des malheurs ; notre bonheur n'eut que la durée d'un bel été, l'hyver du malheur succéda bientôt, & nous fit sentir ses rigueurs : semblables à ces chênes touffus, dont on chérit l'ombrage, & qui, sur le retour de la saison, n'attirent plus même les oiseaux, privés de nos biens, nous fumes abandonnés. La nature impérieuse nous commandoit toujours, nous n'avions plus que des besoins, & rien pour les satisfaire ; nous prîmes des engagemens, nous ne pûmes les remplir ; mon époux fut poursuivi par ceux qui se disoient autrefois nos amis, par ceux que nous avions comblés de biens, & maintenant il gémit encore sous les chaînes pesantes de la captivité : moi maudissant comme Job le jour où l'on avoit appris ma naissance à mon père, appellant comme lui la mort, & moins sage que lui, prête à me la donner, je me rappellai les miséricordes des habitantes de cette demeure, & j'ai partagé leur nourriture : elles ont essuyé mes larmes, & voici le pain qu'elles me donnent pour soulager le tendre époux que je ne puis plus secourir.

Pour moi, vous dit celle-ci, un sol étranger m'a vu naître ; les ténèbres de l'erreur couvroient mon berceau : la lumière de la Vérité vint dans un âge mûr frapper mon esprit, la Grace toucha mon cœur, j'abjurai les erreurs de mon enfance, & les folies de mes pères. Aussi-tôt, étrangère à ma propre famille, je fus bannie de son sein. J'arrivai sans secours sur ce sol inconnu pour moi ; j'ignorois ma destinée future ; mais Dieu me conduisoit, & les bienfaits dont me comblent ces Religieuses sensibles, furent à mes yeux la dernière & la plus forte preuve de la vérité de leur Religion que je venois d'embrasser ; & si je dois à Dieu d'avoir ouvert mes yeux aux rayons lumineux de la Grace, c'est à elles que je suis redevable d'avoir affermi ma croyance.

Ah ! sans doute, ajoute cette autre, leur humanité m'émeut, leur générosité m'enchante & me captive : mon culte n'est pas le leur, & cependant elles soutiennent mes jours languissans ; il leur suffit que je participe à leur nature, pour qu'elles me fassent participer à leurs bienfaits ; différence de nation, disparité de Religion, ce n'est pas pour elles un motif de refus. Leur charité ne connoît pas d'exception. Ah! si bien traitée par elles, elles me compteront bientôt au nombre des prosélytes qu'elles ont déjà faites à la Religion.

Et nous, s'écrient toutes enſemble ces femmes qui n'ont pu s'exprimer encore, nous ne vivons que des fruits de leur charité, nous n'exiſtons que par elles, ne pourrons-nous donc pas auſſi publier notre reconnoiſſance ? mais quel ſon triſte d'une cloche funèbre ſaiſit tout-à-coup vos ſens ? la mort auroit-elle pénétré juſques dans ces demeures ? Et ne voyant que des Vertus à récompenſer, auroit-elle frappé indiſtinctement quelqu'un de ces Anges terreſtres, de ces Miniſtres des bontés du Très-haut ? Non, Chrétiens, non, c'eſt un de vos frères que le char impuni de l'orgueil vient de renverſer & d'écraſer dans vos murs. Père de famille, il alloit conſoler ſon épouſe chérie : environnée de ſes enfans qui n'ont plus de père, elle attend avec ſon retour, le fruit de ses travaux qu'il étoit allé recevoir.

Emules de Tobie, ces Vierges charitables vont fournir le linceuil qui doit l'ensevelir; & quand la pudeur aura voilé son corps, elles s'empresseront de lui rendre elles-mêmes pieusement ces derniers devoirs, qu'en maudissant sa mémoire, des mains serviles & mercenaires rendront précipitamment un jour à l'Etre insensible qui lui a ravi la lumière; puis conduit par leur soin (*),

---

(*) Ce sont les Religieuses de Sainte Catherine qui fournissent le Linceuil de tous les malheureux qui meurent dans les Prisons, ou qui par accident sont écrasés, tombés d'un toît, &c. Elles les ensevelissent, payent les frais funéraires; & elles ont, pour les faire enterrer, acheté un Cimetière voisin de celui de Clamard : ce Cimetière remplace le terrein que ces Religieuses avoient

à leurs frais, dans ce terrein qu'elles viennent de payer de leurs propres fonds, pour être confacré à ce noble ufage, fes offemens vont être réunis à ceux des malheureux qu'elles y raffemblent tous les jours.

O fainte Hofpitalité, c'eft à ces traits qu'on peut te reconnoître? Philofophes déclamateurs, hommes infenfibles, à chaque inftant vos bouches fe rempliffent du beau nom de l'humanité, & vos cœurs vuides de cette vertu, laiffent expirer à vos portes les malheureux qui follicitent les effets de la bienfaifance, & non fon froid éloge..... Aulieu de la louer, venez, venez dans ces lieux apprendre à l'exercer.

Et vous, Chrétiens, émus par tout ce que vous venez de voir,

---

dans celui des Innocens pour le même objet.

par tout ce que vous venez d'entendre, en jurant d'être humains comme elles, payez à ces Vierges bienfaisantes le tribut d'hommages qui leur est dû. Elles sont les instrumens des miséricordes du Seigneur; vous leur devez le respect; elles remplissent pour vous le plus sacré des devoirs; vous leur devez la reconnoissance.

Ce ne sont pas cependant, ma chère Sœur; non, ce ne sont pas ces louanges qui tentent votre cœur, & la gloire que dispensent les hommes, ne sauroit déterminer votre sacrifice : celui qui cherche sa propre gloire ou les louanges humaines, n'est pas dans la voie véritable qui conduit à la vie (*), c'est l'unique gloire du Dieu qui vous

―――――――――――――――
(*) *Qui propriam gloriam quærit, non verax est.*

envoye dans cette demeure que vous ambitionnez sans doute. Ah! le cœur rempli des leçons que vous reçûtes dès l'enfance des chefs vertueux de votre famille, l'ame excitée par tous ces beaux exemples d'hospitalité que nous conservent les Saintes Ecritures, dont vous avez fait vos délices, vous voulez, pour la gloire de votre Dieu, retracer la généreuse charité d'Abraham, de Loth, de Tobie, & devenir la rivale des Lydies, des Phébées, dont l'Esprit-Saint a célébré l'hospitalité. Convaincue de cette vérité, que tous les hommes sont frères, vous voulez entr'eux & vous resserrer les liens de la fraternité, & vous craindriez d'outrager un des membres de Jesus-Christ en refusant à quelqu'un d'eux vos secours.

Admirables dispositions d'un cœur
vraiment

vraiment Chrétien, ne vous affoibliſſez jamais ! Puiſſiez-vous, ma chère Sœur, puiſſiez-vous pendant tout le cours de votre vie, ne connoître d'autre bonheur que celui qui eſt inſéparable de la pratique des vertus auxquelles vous vous conſacrez. La félicité doit habiter la maiſon où le Pauvre eſt reçu ; ſous les haillons de la miſère, ſouvent les Anges ſont venus viſiter les hommes. Ajoutez à la joie de cette habitation ſainte, en augmentant le nombre de ſes enfans. Fécondée de nouveau par un des plus ſtres Miniſtres de la Charité, par un Prélat (*) digne de protéger l'Hoſpitalité, puiſqu'il l'exerce ; gouvernée

───────────

(*) Monſeigneur l'Archevêque de Paris a permis aux Religieuſes de Sainte Catherine de recevoir des Novices.

B

par un Supérieur (*) digne repréſentant du Pontife qui l'a choiſi, cette antique demeure ſemble ſe rajeunir & ſortir plus brillante de ſes ruines. Jeune Néophite, plante tendre & délicate, placée dans la maiſon du Seigneur, étendez-y vos racines, que les feux de la charité qui vous y ont fait éclore, vous conduiſent à la maturité, afin d'être un jour réunie au bon grain, dans les demeures céleſtes.

Mais à quoi bon former des ſouhaits, tandis que j'ai des promeſſes à vous faire au nom de votre Dieu ? Oui, ma chère Sœur, « rompez votre » pain aux malheureux ; ouvrez vos » portes à l'indigence errante ; don- » nez des vêtemens à celui dont le

———————

(*) M. l'Abbé Deſplaces, Chanoine, Archidiacre de Paris.

» corps le demande ; ne méprifez pas
» l'être dont la chair eſt la vôtre, alors
» votre lumière éclatera comme l'au-
» rore » : *Tunc erumpet quaſi manè lumen tuum* : « Votre juſtice marchera
» devant vous, & la gloire du Seigneur
» vous protégera : *Ante ibit faciem tuam juſtitia tua, & gloria Domini colliget te.* « Vous invoquerez le Seigneur, &
» il vous exaucera ; vous l'appellerez,
» & il vous répondra, me voici » : *Tunc invocabis, & Dominus exaudiet, clamabis & dicet, ecce adſum.* Afliſtez le Pauvre avec affection de cœur, rempliſſez de conſolations l'ame affligée, votre lumière fe lèvera dans les ténèbres, & vos ténèbres deviendront comme le midi : *Orietur in tenebris lux tua, & tenebræ tuæ erunt ſicut meridies.* Le Seigneur vous tiendra toujours dans le repos ; il fortifiera votre corps, il

B ij

remplira votre ame de ses splendeurs, vous deviendrez comme un jardin fécondé par des eaux vives, comme une fontaine dont la source ne se tarit jamais : *Eris quasi hortus irriguus, & sicut fons aquarum cujus non deficient aquæ.* Ces lieux déserts seront repeuplés par vous : *Ædificabuntur in te deserta seculorum.* Vous releverez les fondemens abandonnés pendant plusieurs années, & l'on dira de vous que vous réparez les haies détruites. *Fundamenta generationis suscitabis & vocaberis ædificatrix sepium.* La joie du Seigneur se repandra sur vous : *Tunc delectaberis super Domino.* Le Seigneur vous élèvera, il vous donnera pour récompense l'héritage de Jacob & la gloire éternelle : *Sustollam te & cibabo te hœreditate Jacob ;* & cette promesse est infaillible ; ma chère

Sœur : *Os Domini locutum eſt,* celui qui vous l'a fait, eſt celui qui l'accomplira dès cette vie & dans l'éternité. Ainſi ſoit-il.

Lû & approuvé. A Paris, le 10 Octobre 1784.

RIBALLIER.

Vu l'Approbation. Permis d'imprimer, le 12 Octobre 1784.

LENOIR.

De l'Imprimerie de CAILLEAU, rue Gallande, N°. 64.

www.ingramcontent.com/pod-product-compliance
Lightning Source LLC
Chambersburg PA
CBHW060612050426
42451CB00012B/2213